I0843517

9 781793 359889